JN410734

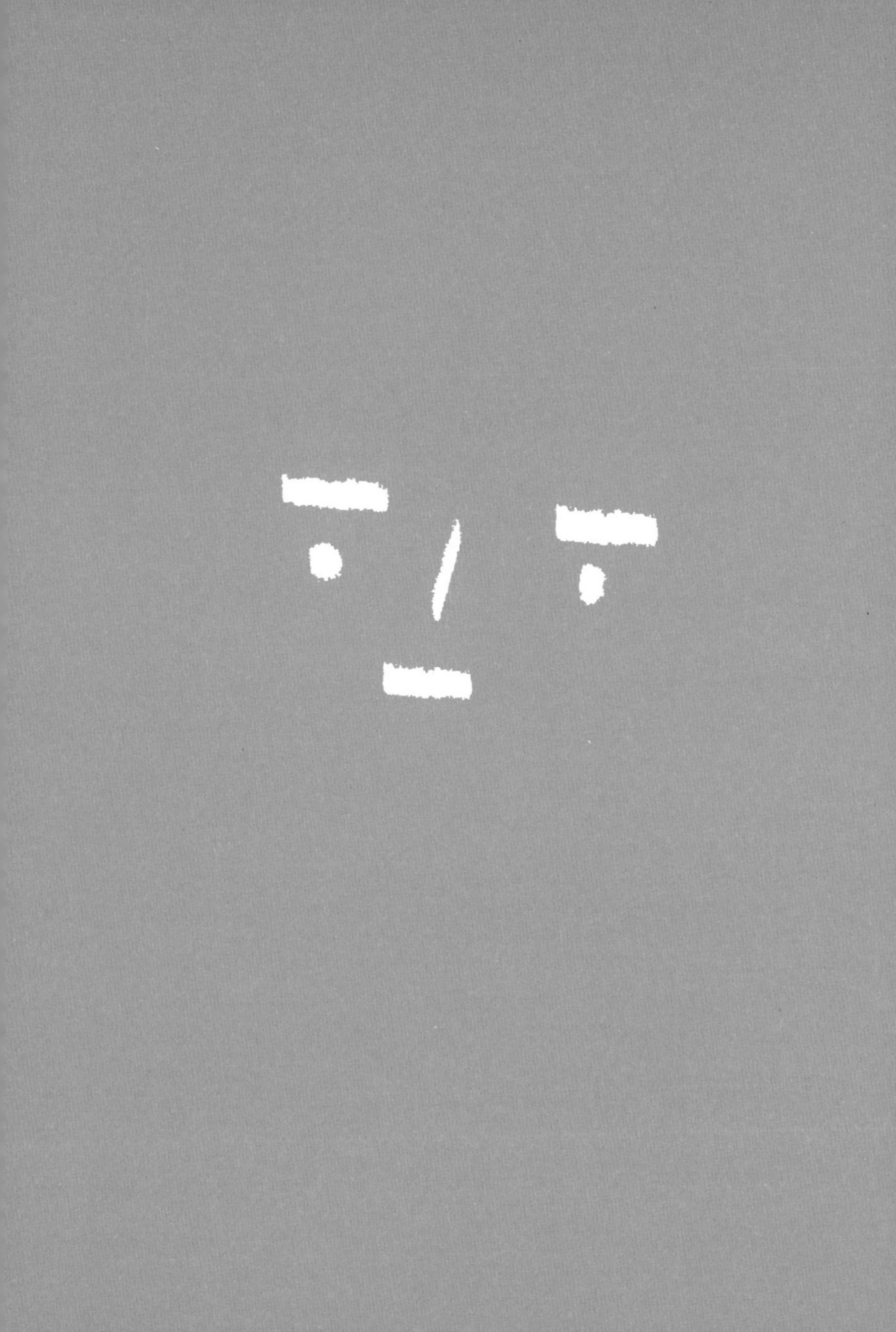

혼자 있기 싫은 날

지은이 홍화정
펴낸이 김민기
펴낸곳 큐리어스

초판 1쇄 발행 2015년 12월 05일
초판 2쇄 발행 2015년 12월 10일

출판신고 1992년 4월 3일 제311-2002-2호
121-893 서울특별시 마포구 양화로 8길 24
Tel (02)330-5500 Fax (02)330-5555

ISBN 979-11-5752-613-0 03810

www.qrious.co.kr
큐리어스는 (주)넥서스의 브랜드입니다.

일러스트레이터 홍화정의
여자 공감 그림 에세이

Qrious

prologue

“당신은 혼자 있을 때 무얼 하나요?”

"그리고, 저는…"

"저는 혼자 있는 걸 좋아하는 사람입니다."

혼자 산책하는 걸 좋아하고,
혼자 멍 때리거나 커피를 홀짝이는 것도,
혼자 훌쩍 떠나는 것도 좋아합니다.

하지만 곰곰이 생각해보면,
혼자 있으면서도 결국은 SNS를 들여다보고
누군가에게 전화를 거는 나는
그 정도밖에 안 되는 사람이었습니다.

혼자서도 잘 지낸다는 말을 들었을 때 기뻤던 건
그런 모습들이 내 로망이었기 때문인지도 모릅니다.

혼자 있을 때
나도 모르게 교묘히 위로받기 위해서
타인을 관찰하고, 기억을 되돌려보고, 라디오를 듣고,
누군가의 문장들을 읽었고
그날의 외로웠던 흔적들을 한 점 한 점 남겨놓은 것들이
한 권의 책이 되었습니다.

부디 당신 역시 혼자일 때
이 흔적들이 작은 위로가 되기를 바랍니다.

혼자 있기 싫었던 날,
혼자였던 제가 당신께 남기고 갑니다.

차례

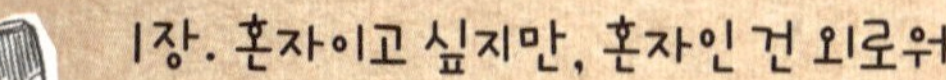

1장. 혼자이고 싶지만, 혼자인 건 외로워

2장. 이대로의 나를 좋아하기

3장. 몇 번의 첫 키스가 더 남아 있을까

4장. 두 사람일 때 더 반짝이는 사람

5장. 좋은 사람이 되고 싶어요

에?
으것뿐이야?

1장,
혼자이고 싶지만, 혼자인 건 외로워

언제나 거기에

한 번도 멈추지 않았다는 것을

문득 상기할 때가 있다.

아주 작은 아기일 때도,

정신없이 울기만 했던 때도,

그냥저냥 보낸 일상들에서도

단 한순간도 잊지 않고,

쿵 쿵 쿵 쿵—

누구나 하나쯤의

우리는 슬픔을 이기지 못해 짓눌리다,

시간이 지나 슬픔에 무뎌질 때

마음 깊숙한 지하실에

슬픔을 토닥토닥 묻고

마치 그런 슬픔은 없었다는 듯 웃지.

누구나 하나쯤의, 지하실

가을 햇살이 준 대답

내가 잘할 수 있을까,

이대로도 정말

괜찮은걸까,

35

갖고 싶었던 것들

활짝 핀 예쁜 웃음도,

음을 더듬어 혼자만의
노래를 만드는 재능도,

나비처럼 팔랑팔랑
춤추는 몸짓도,

작은 체구로 씩씩하게 걷는 모습도,

나는 그 모든 사랑스러움을
갖고 싶었다.

하지만 그 모든 사랑스러움이
내 것이었다면

그건, 내가 아니었을 거야.

숨기고 싶은 문제

여기, 절대 숨기고 싶은
나의 문제가 있다.

나는 애써 외면하거나,

포장해버리거나,

어딘가 가둬버리거나,

멀리 도망가버리거나

왜!!!
아!
자꾸!!!!
화를 내기도 했었다.

그러나 요새의 나는

일단 마주 보려 한다.

나는
네가 더 나은
사람이 되는
방법을 알고 있어.

바다 한가운데

비행기를 탈 때면, 나는 늘 창가자리.

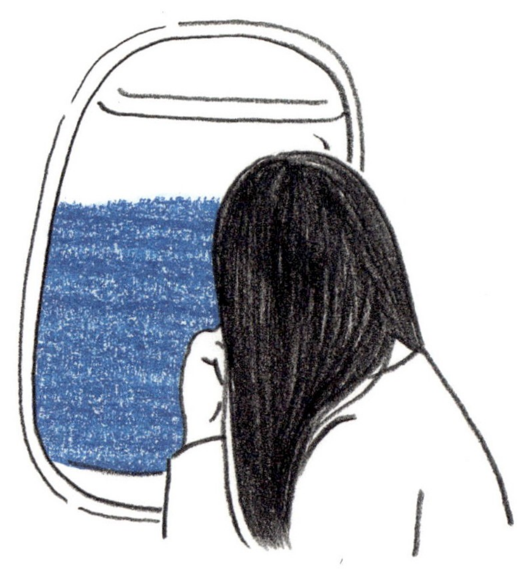

어느 날은,

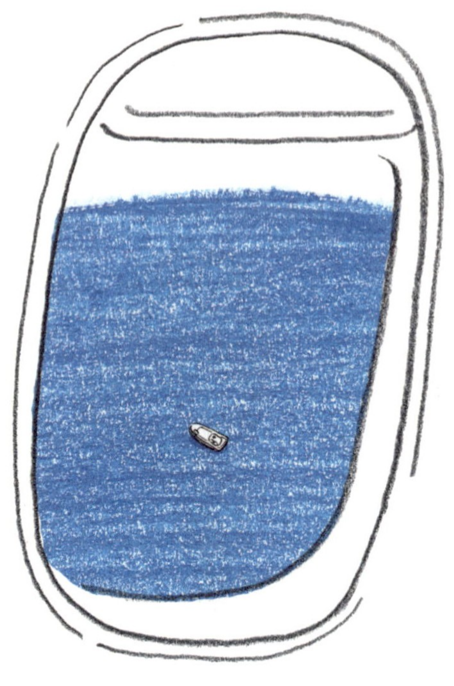

바다 한가운데 덩그러니
떠 있는 배 한 척을 가만히 보았다.

나인가 싶었다.

마음을 보내는 법

좋아하는 사람들에게 사랑 받고 싶어서,

나는 늘 무리해서 마음을 준비해 보냈다.

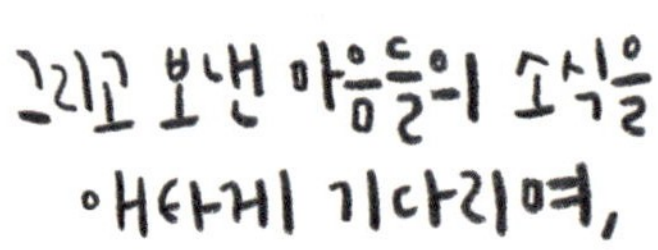

에?
요것뿐이야?
역시 아무도...

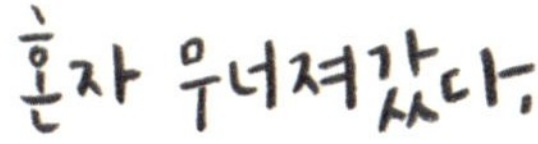
혼자 무너져갔다.

그렇게 안 해도,
넌 충분히 사랑 받을 수 있어
어느 날 누군가의 한마디가

마음속 벽에 질문들을 써놓고
한참을 나 자신에게 물었다.

사실 아직도 잘 모르겠다.

하지만 이제,
우리해 마음을 준비하지 않는다.

알아주지 않아도 된다는 생각을 한다.

진심이니까, 괜찮아.

내가 가졌다 생각한 것들

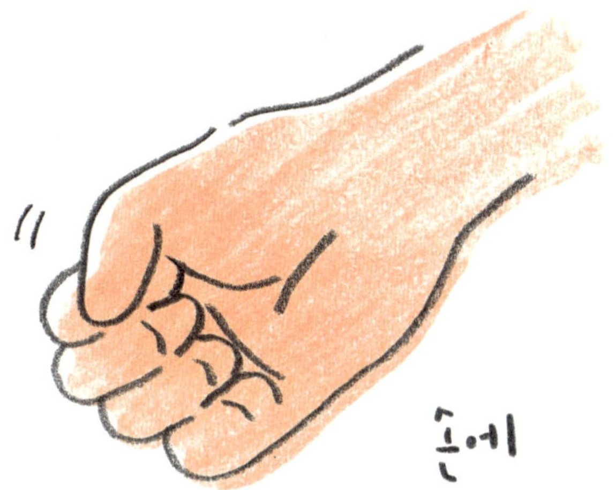

손에

꽉 쥐었다고 생각한 것들이

손가락 사이로 우수수
빠져나간다
느꼈을 때,

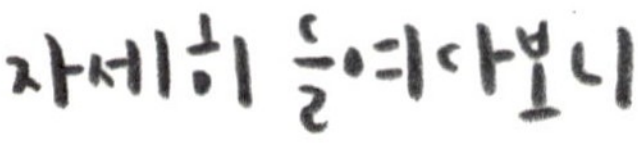

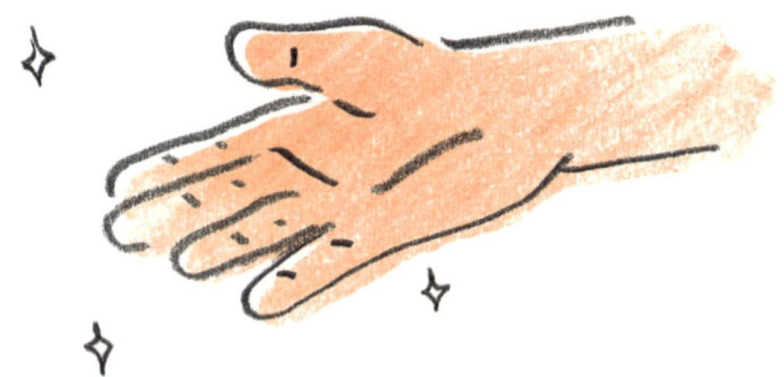

애초부터 내 손에는
아무것도 없었다.

나는 빈손을 꽉 움켜쥐고
스스로를 괴롭히고 있었구나.

네 탓이 아니야

기대

기대

기대

기대하지 않으려고 할수록 더 커지는 걸.

2장.
이대로의 나를 좋아하기

무수한 처음들

생각해보면,

하루는 무수한 '처음'들이다.

처음 보는 풀꽃들,

처음 만난 길냥이들,

처음 와보는 카페의 맛있는 커피,

처음 펼쳐본 책의 문장들,

처음 들어보는 좋은 노래,

처음 펼쳐보는 새 우산,

산책 중 알았던 '처음'들.

오늘도 모두 처음인 하루!

거울 속의 나

뾰루지 나면 환호하기
(짜는 재미가 쏠쏠!)

내 얼굴에서 유니크한 점 찾기

출근 전에 거울 보고 예쁘다 해주기

나의 막춤 보며 마구 웃기

이대로의 나를 좋아하기

서랍 속 이야기

문득 그런 생각이 들었다.

회사 서랍 속에

오즈아리가
가득히 자란다든가,

빨래향이 폴폴 나는
수건이 있다든가,

깊은 밤이 들어 있었으면.

나는 대체

이게 아닌데
이게 아니야

이게 아닌데
이게 아냐

나는 대체,

뭘 하고 싶었던 걸까?

하루

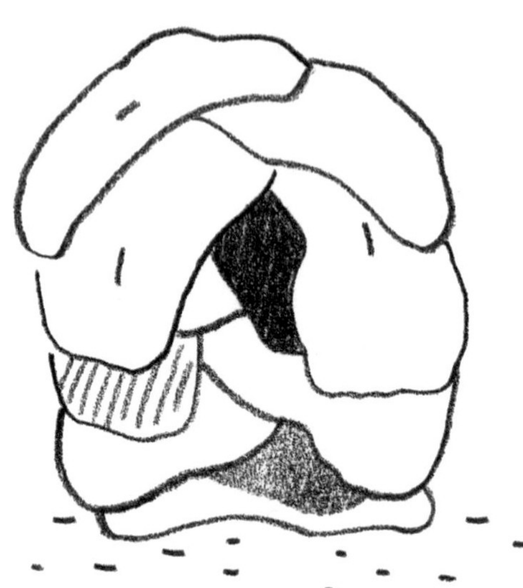

매일매일 해야 하는 일에 꽁꽁 싸여

어느새 밤이다.

하루 내내 하고 싶었던 일은,

자기 전 맥주 한 잔!

향기

향기를 책에 보관할 수
있으면 좋겠다.

아빠 물건에서 나는 아빠 향도,

장마철 새벽의 비 내리는 향도,

나른한 오후의 향도,

여름밤 공기에 섞인
미미한 가을 향도,

너를 꼭 안을 때의 풍향도,

생각날 때마다
펼쳐서 맡아볼 수 있게.

되돌리고 싶은 일들

처음 사본
와인도

못 참고 먹어버린
저녁도,

게으름 피우느라
미뤄둔 일들도,

너무 많은 대화를 나누고 돌아오는 길도,

계획한 일을 못한 하루도,

나는 자주 후회하는 편이다.

하지만
되돌아가고 싶은
마음은 하나도 없지롱!

내가 꿈꾸는 선물

각목처럼 뻣뻣한 나는,

훌륭한 굴곡을 선물받고 싶다.

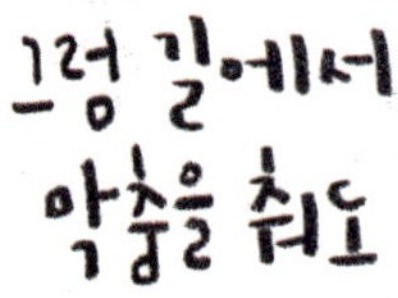
그럼 길에서
막춤을 춰요

흥이 마구 전염되겠지!!

A

그러니 산타할아버지,
부디 제게 ㄱ루브를♥

좋은 계절

따뜻한 커피를 들고 걸으면
기분 좋아지는 계절

새빨간 거짓말

어, 아빠~

밥? 먹었지~
오늘 첫 끼

어디고?!
어디긴~
집이지~
어, 아빠!
나 친구랑 놀고 있어~

돈은
안부족하나?
안부족해~
충분해!

지금? 회사지~

목소리는
와그라노?
감기걸렸나
내 목소리?
자다 일어나서
그런가?
아빠한
주말인데 뭐해?

그렇지만 아빠,
정말로 사랑해.

-거짓말쟁이 큰딸이-

내 얘긴가..

3장.
몇 번의 첫 키스가 더 남아 있을까

함께 걷는다는 것

그 갈림길에서,

나는 도망치듯 사라지거나,

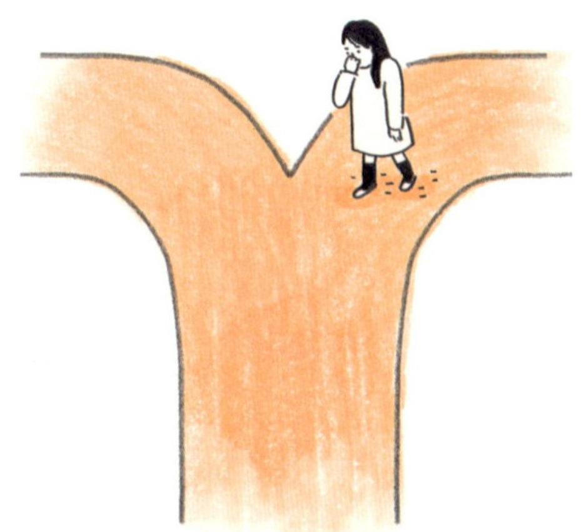

혼자 돌아와보거나,

오랜 시간 머뭇거리거나,

오지도 않을 먼저 가버린 이를 기다리거나,

서로의 안녕을 바라기도 했었다.

또다시 누군가와 길을 걷겠지.

갈림길은 없을 거라 생각하며.

좋은 사람

오늘은 꼭
좋아한다고
얘기해야지
!

라고 했지만,

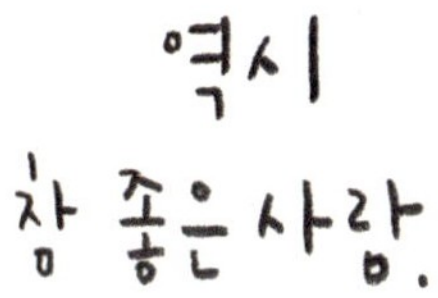
역시
참 좋은 사람.

그냥 요래요래 봐야지,

마음을 고쳐먹었다.

그런 사랑을 하기를

망설이다 못 준 마음과,

겁이 나서 조금씩 준 마음은

결국 사랑이 끝나니 모두 미련으로 남았다.

반면에 사랑할 때 정성을 담아서
마음을 모두 다 줘버렸더니

그땐 참 별별 기분이 다 들었지만,

사랑이 끝나도

차라리 후련했다.

그때 그 마음을 다 줄 수 있었던 사람에게
고맙기까지 하면서.

부디,
마음을 모두 줄 수 있는
사랑을 하기를-

그날의 저녁식사

ㅋㅋㅋㅋㅋㅋㅋㅋㅋㅋㅋㅋㅋㅋㅋㅋㅋㅋㅋㅋㅋ

아
배불러-
눕자

그리운 우리의 저녁.

지금 생각해보면

함께 영화를 볼 때마다

나는 늘 잠이 들었지.

지금 생각해보면

그 어떤 영화도,

그 순간만큼

영화 같았던 적은 없는거 같아.

너무 오래 머물지 마

라고 차마 말 못하는 나는,

홀로 추억을 태우는 너를 두고 뒤돌아섰다.

그러니 너도, 너무 오래 머물지 마.

지금 필요한 것

아무리 새로운 사람을 만나도,

꼭 어느 부분에서는 당신이 떠올라버린다.

어쩌면 당신을 잊기 위해선,

더 좋은 만남이 아니라
더 아픈 이별이 필요할지도 모르겠다.

인정하긴 싫었지만

난 우리는 좀 특별하다 생각했었다.

하지만 남들과 별다를 것 없이 돌아선 후엔

내얘긴가..
헐, 맞아. 나도 그런데

너 아직도
걔 생각하지?

애써
숨기려고 하지 마

인정하기 싫었지안,

누구 말대로 이별은 다 똑같은 거였다.

편지

너 밥은 잘 먹고 다니니
어디가 아프진 않니, 괜찮니

너 아직도 나를 욕하니
아님 다 잊어버렸니, 괜찮아

여기서 만난 사람들
커피가 맛있는 찻집, 즐거운 일도 않지만

가끔 니 생각이 날 땐 조금은 미안했었어. 있잖아

사실 난 더 높은 곳을 보고 싶었어
더 많은 것을 하고 싶었어, 있잖아

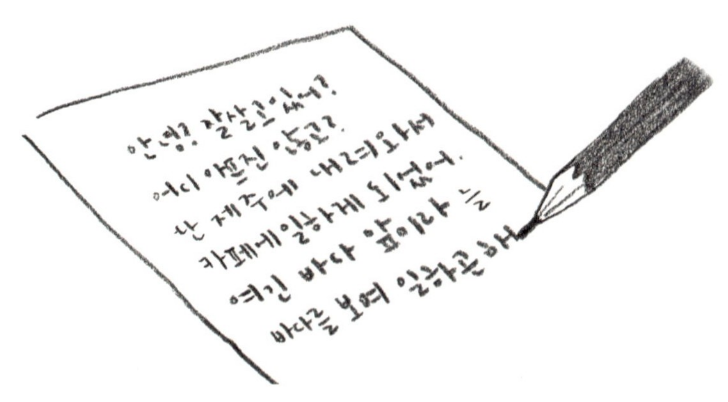

사실 난 그래도 니가 보고 싶었어
보고 싶어서 미칠 뻔했어

있잖아

울지 않으려고 했는데-

브로콜리 너마저, <편지>

으추워~

악!!!

4장. 두 사람일 때 더 반짝이는 사람

아무래도

멋있는 사람이 되고 싶지만,

타인에게
인정받으려는 욕구를
없애야..
외로움을 훌륭히
견디는..

혼자 가라
아무래도,
난 안 될 거 같아.

혼자 싫다고!!
사랑받고
싶다고!!!!

우산

몇 시간을 걸어도

햇볕을 한참 마주 해도,

아무리 좋아하는
노래를 들어도,

사고 싶었던 원피스를 사요,

위로가 되었던 책을
다시 읽어보아요,

단 음식을 먹어요,

이상하게 기분은
전혀 좋아지지 않았고,
계속 비만 내렸다.

결국은,

아 왜 자꾸!!
라고 외쳤을 때

말하지 그랬어
괜찮아?
이제
좋아질 거야

그제야 나는 내가 외로웠다는 걸 알았네.

언젠가 또 비가 내려도,
나는 우산 않은 사람이라는 걸 알아채기를.

그리고 나 역시도 누군가에게.

시간을 담은 상자

옆자리 짝꿍에게 편지를 쓰던 마음,

삐뚤빼뚤한 손글씨를
한 장 가득 채우던 마음,

사랑이 가득했던 마음,

여러 번의 생일을 축하해주는
한결같은 마음,

고마움을 꾹꾹 눌러 쓴 마음,

장롱 위 그 상자에는, 마음들이 가득하다.

나의 마음도, 어딘가의 상자에

따뜻이 담겨 있었으면.

웅이

야아~

늘 위로해주던 너.

네가 무지개 다리를 건너는 걸
나는 지켜볼 수밖에 없었지.

미안해. 그리고 고마워.

어디로 갔을까

봄아~
우쮸쮸
우리 봄이~

봄이만 보면
다들 웃는구나

분명 나에게도 있었던 힘이었는데,

어디로 갔을까? 그 힘과 기운들.

어쩐지

엄마와 처음 술 한잔할 때,

동생들을 양쪽에 끼고
불꽃놀이를 볼 때,

친구와 꽐라가 되어
거리를 누빌 때,

혼자 걷는 여행길에
바람이 머리를 쓰다듬어줄 때,

너를 가만히 쳐다볼 때를
생각해보면,

어쩐지

눈물이 난다.

행복하다는 증거

여보세요?
뭐하니??
아, 있잖아~

아, 글쎄 내가
그것도 몰랐던 거야

니가
잘못했네
ㅋㅋㅋㅋㅋ
잘~한다
바보야ㅋㅋㅋ

못난 내 모습도 같이 웃어버릴 수 있는
그런 친구 한 명.

마음 튼튼

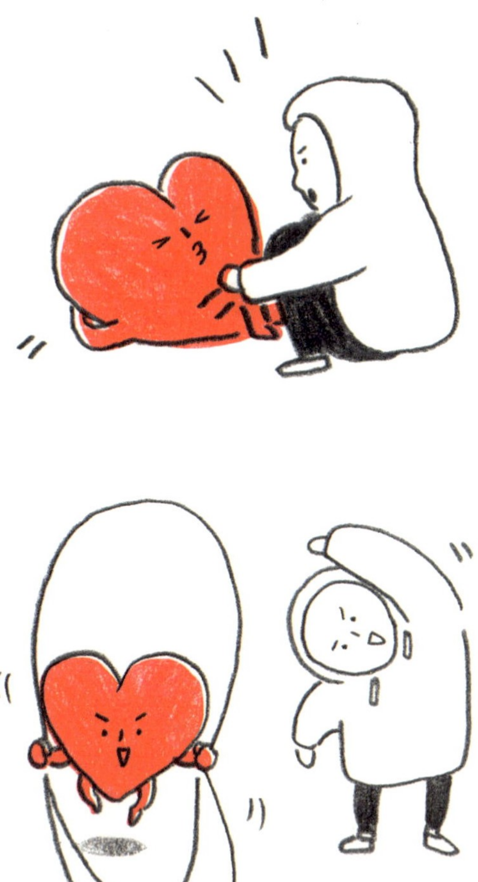

마음아 튼튼하자!

기대

!!

5장.

좋은 사람이 되고 싶어요

간절히 원하는 것

주변의 모습에 흔들림 없이

내가 가진 것은 내가 가진 대로

나의 단점을
온전히 받아들이는 것.

남의 시선을 의식하지 않고
있는 그대로의 나로

나만의 방식대로
더 나은 나를 고민하는 것.

그러니까,
내가 요즘 간절히 원하는 건

나는 그저 나로서
더 행복하고 더 나은 사람이 되는 것!

어쩐지 찡한 마음

어서오세요-
으, 술냄새

아가씨,
핫초코 두잔!

네-
서명해주세요.

여보세요,

...

자리로 가져다
드릴게요~

저 아저씨,

언제 마지막으로 그림을 그려봤을까?

어쩐지 찡하던 핫초코 아저씨.

사랑해야 할 마음

남들 신경 쓸 시간에
바로 니 옆에 있는
사람부터 챙겨

당신은 늘 그랬지.

그땐 일단 화부터 냈는데,

혼자 남은 어느 날,
사랑 받고 싶은 욕심을
구분해내니
사랑해야 할
마음이 있더라.

사랑해야 할 마음에 비하면

사랑 받고 싶은 마음은 얼마나
덧없고 시시하던지.

아빤 말했지

가슴에 큰 구멍이 파여
5월의 햇살에도 아파 앓고 있을 때,

라고 아빠는 말했지.

조금만 더

찍고 다시 올라가는 찰나가 있다.

라디오에서 나오는 한 마디,

슥 넘겨 보던 책의 한 구절,

좋아하는 사랑과 대화하던 한 순간,

지나가는 사람의 한마디,

우연히 들은 노래 한 소절 같은 것들.

그러니, 위로의 찰나에 닿을 때까지

조금만 더.

몽당연필

그림을 그리려고 필통을 뒤지다

연필이 뭉땅뭉땅해진 걸 발견했다.

한치의 부끄러움이 없다.

아무래도, 잘 그리는 것보다
꾸준함이 더 멋진 일 같아.

장래희망

시간이 흘러 할머니가 되면,

새하얀 머리에

여전히 그림을 그리고,

흙을 만지며 일하고,

사소한 일에 많이 웃고, 많이 울고,

신나게 노는 걸 좋아하고,

충고는 전혀 하지 않는
할머니가 되어야지.

선물해주고 싶은 것

마음 깊이 박힐 너만의 책과

각종 연애 대상과,

흑역사들과,

책임을 내다 던질
용기내보를

선물해주고 싶구나

마 그냥
다 해삐라

내가 살아가는 이유

넘어진 길의
돌멩이를 옮기고 가는,

두 손으로 그림을 그리고,

차린 밥상에 수저 몇 개를 더 놓을 수 있는

작은 마음을 꼬옥 안을 수 있는 사람.

나뭇잎 사이로 떨어지는 햇볕을 맞으며,

짐을 줄인 작은 배낭을 메고 어디든 떠나는,

그러한 사람이 되는 것.

내가 이 세상을 살아가는 작은 이유.

epilogue

좋아하는 걸 더 많이 해서
좋아하는 걸 잘하게 되고,
후회할 것 같은 일들을 더 많이 해서
후회하지 않는 삶.

생각은 많아도 걱정은 적은 날들.

-어느 날 애월 바다에서 -

처음으로 이야기를 그리게 했던 나쁜 남자 k,

계속 그림을 그리게 도와주신 두령님,

책을 뚝딱뚝딱 만들 동안 고생해주신 출판사 식구들,

혼자 있던 날 말을 걸어주던 타블로와 꿈꾸는 라디오,

사랑하는 가족들과 문어시, 나의 사람들,

그리고 이 책의 마지막 장을 덮으실 당신께

고맙습니다

우리, 조금은 외롭게 행복합시다 :)

2015년 11월, 화정드림

지은이

홍화정

기획 김보희

편집 김보희, 정민애

디자인 유경아

제작 이수진, 박규동

인쇄 우성씨앤피

제본 경원문화사

후가공 이지앤비